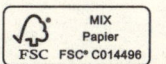

Walt Disney
Lustiges
WELT[REISE]

NORDAMERIKA

IMPRESSUM © Disney Enterprises, Inc. 2021, Walt Disney Lustiges Taschenbuch Weltreise erscheint sechsmal im Jahr bei Egmont Ehapa Media GmbH, Alte Jakobstraße 83, 10179 Berlin I **Geschäftsführer** Per Gustav Kjellander I **Editorial Director** Marko Andric (v.i.S.d.P.) I **Marketing & Kooperationen** Jörg Risken (Publishing Director) j.risken@egmont.de, Nora Gollek (Head of Marketing) n.gollek@egmont.de, Christoph Bergholz (Senior Product Manager) c.bergholz@egmont.de I **Redaktion** Johanna Hölzler I **Druck** GGP Media GmbH, Karl-Marx-Straße 24, 07381 Pößneck I **Anzeigenverkauf** Per Gustav Kjellander (verantwortlich) I **Head of Media Sales** Dirk Eggert I **Freie Mitarbeiter dieser Ausgabe** Peter Höpfner (Petit Media), Manuela Buchholz, Petra Müller-Herse, Susanne Walter (Übersetzungen), Sigi Hepner, Ursula Ries (Grafik), Michael Bregel, Kai Richter (Lektorat) I **Bilder** AdobeStock/beatrice prève, AdobeStock/REMINDFILMS I **Kontakt Walt Disney Publishing** Susanne Michels I Die Redaktion arbeitet auf Grundlage der neuen amtlichen Rechtschreibregeln und hält sich bei Auswahlfällen an die vom Duden bevorzugte Schreibweise. I

www.lustiges-taschenbuch.de, www.egmont-mediasolutions.de, www.egmont.de

EGMONT
Ehapa Media

FSC MIX Papier FSC® C014496

SERVICE-BOX

LTB im Abo – www.egmont-shop.de/ltbabo

Leserservice Lustiges Taschenbuch Weltreise Leserservice, 20086 Hamburg, E-Mail: info@egmont-service.de, Tel. 030-99194680, Fax 030-99194681 (reguläre Gesprächsgebühren für einen Anruf im deutschen Festnetz gemäß Ihrem Anbieter und Tarif)

LTB Weltreise verpasst?
www.egmont-shop.de/ltb-weltreise

Wo gibt es LTB Weltreise am Kiosk?
www.mykiosk.com

LTB Weltreise als eComic?
Erhältlich z. B. bei Amazon, Apple und Google play

Viele weitere tolle Comic-Angebote:
www.egmont-shop.de

INHALT

EDITORIAL

Hallo Freunde,

auf geht es nach Nordamerika und somit nach New York, Las Megawatts, in den Wilden Westen und natürlich auch an den berühmten Klondike. Dagobert Duck schürfte dort in seiner Jugend ordentlich Gold und legte den Grundstein für sein Vermögen. Unvergessen ist sein Fund eines straußeneigroßen Goldklumpens … Als ein alter Freund aus dieser Zeit den Fantastilliardär um Hilfe bittet, lässt der sich nicht lange bitten und nimmt gleich die gesamte Sippe mit auf diesen Ausflug in seine Vergangenheit. Dabei erfahren die Neffen viel Neues über die Jugendzeit ihres geschätzten Oheims … Micky und Minnie Maus nehmen die lange Reise in das schillernde Las Megawatts auf sich, ohne zu ahnen, welches Spektakel sie dort erwartet. Sie kommen genau rechtzeitig zur Nacht des Sternenlichts an und diese Veranstaltung hat es ganz schön in sich! Es macht sich sogar ein Saboteur an der Stromanlage ihrer Unterkunft zu schaffen. Doch Micky denkt auch im Urlaub nicht an Faulenzen und geht dem Komplott natürlich gleich auf den Grund. Dabei entdeckt er, dass es dabei um viel mehr geht als dieses Event … Im Wilden Westen, genauer gesagt in Entenfeld, nutzt Douglas McDuck die Chance, innerhalb von 30 Tagen einen neuen Postkutschendienst für die Regierung aufzubauen. Um den Weg von Entenfeld nach Ducktown zu erschließen engagiert er, natürlich unbezahlt, seine Neffen Donald und Dussolo. Auf die beiden warten dabei nicht nur spezielle Reisegäste und ein wackeliges Gefährt, sondern auch allerlei Abenteuer und Gefahren. Werden sie innerhalb der Frist in Ducktown ankommen, trotz Wegelagerern, wilder Tiere und ungezähmter Natur? Das wird ein ganz schön harter Ritt!

Eine lustige Lesereise wünscht

die LTB-Redaktion

REISE in DAGOBERTS JUGENDZEIT

Ich bin reich! Reich! Reich!

PLICK PLICK PLICK

Es sind einige Jahre ins Land gegangen, seit Dagobert Duck den Grundstein für sein Imperium legte und am Klondike einen Goldklumpen in der Größe eines Straußeneis fand… Noch heute gibt es Goldgräber, die in dieser eisigen Gegend ihr Glück versuchen…

IP-3129-2

Keuch! Schnauf! Ich werde langsam alt! Früher konnte ich sechzehn Stunden am Stück graben…

Carlo Panaro (Story), **Roberto Vian** (Zeichnungen)

... heute werde ich schon müde nach nur... **keuch**... zwölf Stunden!

Aber ich muss mich ranhalten! Mir bleibt nicht mehr viel Zeit...

?!

RUMPEL

Tage später in Entenhausen...

Eine Fantastilliarde, zwei Billionen und dreihundertsiebenundsechzig Taler...

... dreihundertsiebenundachtzig, dreihundertsiebenundneunzig...

Autsch! Bei der ganzen Zählerei glühen nicht nur meine Gehirnzellen!

Aaaah! Das tut gut!

Tss!

ZISCH

Was soll dieses vorwurfsvolle Gehabe, Donald?

Pah! Ich frage mich nur, warum du deine ganzen Taler unbedingt selber zählen musst. Es gibt schließlich Geldzählmaschinen! Aber dein sprichwörtlicher Geiz…

Unfug! Hier geht es nicht um Geiz, sondern um die unbezahlbare Freude! Niemals würde ich das Zählen einer Maschine überlassen, denn jeder Taler steht für ein Abenteuer, für eine Erinnerung…

Apropos Erinnerung… du hast vergessen, die heutige Post zu lesen, Onkel Dagobert!

Später! Meine Talerchen erwarten mich!

Wirf wenigstens einen Blick drauf! Hier steht „dringend"… und der Absender ist ein gewisser Jim McKay!

„... als ich damals meine ersten Nuggets gefunden hatte, zog ich von Dawson nach Whitehorse weiter..."

Es wird bald dunkel! Besser ich übernachte in Carmacks!

Doch niemand darf mitkriegen, dass ich Gold im Wert von einer Million Taler mit mir herumkutschiere!

Ich hätte alles in Banknoten umtauschen können, aber das Klimpern von Gold ist so eine unbezahlbare Freude!

Ich habe die Säcke mit Mais getarnt, der keinen müden Gauner interessiert!

Eine wirklich geniale Idee, hihi! Wer weiß, ob ich sie nicht noch mal nutzen kann...

„Ich bestellte mir ein bescheidenes Abendmahl und wollte mich an einem der Tische niederlassen…"

Verschwinde, du komischer Vogel! Ich mag keine Fremden!

Oha!

Schnaub! Der kann froh sein, dass ich nach der Reise zu müde bin, um ihm eine zu verpassen!

He, mein Freund! Setz dich zu mir!

Ich habe gerne Gesellschaft! Woher kommst du?

Nun… aus Dawson!

Dort soll es jede Menge Gold geben! Bist du ein Goldgräber?

Nein! Ich handele mit Mais… Mein Wagen steht vor der Tür.

Ich dagegen… **schmatz, schmatz…** suche nach Gold. Bisher hatte ich nicht viel Glück…

11

12

Du hast mich gerettet, mein Lieber! Ich stehe in deiner Schuld!

Ach, Unfug!

Wenn du mir danken willst, verkauf mir ein bisschen Mai… meine Güte!

Huch! Ein Riss in meiner Tarnung!

Aber das ist… **Gold!**

Tja! Manchmal kommt die Wahrheit ungefragt…

… ans Abendlicht! Aber dir kann ich sicher vertrauen! Ich bin ebenfalls Goldgräber und bringe gerade meine Ausbeute nach Whitehorse!

Oh!

So viel Gold kann nur einer gefunden haben: der große Dagobert Duck, die Legende vom Yukon!

Na ja, die Leute übertreiben gern ein wenig!

Ich habe in der Zeitung alles über dich und deinen berühmten Fund gelesen! Wer immer wieder so viel Glück hat und ein Goldnugget in der Größe eines Straußeneis findet, ist ein Mythos!

Seither habe ich nichts von ihm gehört, aber jetzt bittet er mich mit diesem Brief um Hilfe...

Bei der Arbeit in der Mine von Carmacks ist ein Teil des Stollens eingestürzt. Big Jim hat sich zum Glück nur den Arm gebrochen...

... kann aber für eine Weile nicht nach Gold graben!

Er kennt niemanden, der vertrauenswürdig und erfahren genug ist, um ihn vertreten zu können. Also hat er sich an mich erinnert!

Offenbar muss er dringend etwas Gold zusammenkratzen. Genaueres erklärt er mir, wenn wir da sind...

Was hast du denn vor, Onkel Dagobert?

Keine Frage! Ich lasse Big Jim nicht im Stich!

Juchhu! Wir verreisen! An den Klondike!

15

Ach ja! Diese Orte wiederzusehen und nach Gold zu graben, wird für mich wie eine Rückkehr in meine Jugendzeit sein!

Und gleichzeitig kann ich bei einem guten Freund eine alte Schuld begleichen!

Ein schneller Flieger bringt Dagobert und seine Neffen nach Dawson...

TSCHUKTSCHEN-SEE
YUKON RIVER
BEAUFORTSEE
ALASKA
DAWSON
MACKEN RANGE
PAZIFIK
KANADA

... und von dort geht die Reise per Hubschrauber weiter bis nach...

... Carmacks! Wir sind da, Jungs!

RUMPEL

KNIRKS

Dagobert! Du bist noch immer ganz der Alte!

Big Jim, alter Freund... wie schön, dich wiederzusehen!

Hihi! Es ist lange her, was?

Sehr lange, aber alte Freundschaft rostet nicht!

Ich habe die Stütz-vorrichtungen reparieren lassen, sodass man die Mine gefahrlos wieder betreten kann…

Aber das war teuer! Es hat mich einen großen Teil des Goldes gekostet, mit dem ich die letzte Rate eines Kredits tilgen wollte…

… den ich bei der hiesigen Bank habe!

Aha… Du bezahlst noch immer nach Goldgräbermanier mit deiner Ausbeute!

Ja, aber damit ist bald Schluss! Wenn ich meine Schuld in drei Tagen nicht beglichen habe, verliere ich meinen Besitz!

Deshalb habe ich dich um Hilfe gebeten! Du bist nicht nur ein guter Freund, sondern auch der beste Goldsucher, der mir je begegnet ist!

Niemand außer dir könnte in so kurzer Zeit genügend Gold zusammenkratzen!

Hihi! Das könnte stimmen!

Ich darf die Mine nicht verlieren! Sie ist mein einziger Besitz! Außerdem habe ich mir selbst und dem Schicksal geschworen... dass ich ein Nugget finde, das mindestens so groß ist wie dein Straußenei!

Dann sollten wir keine Zeit verlieren! Jungs, ihr leistet Big Jim Gesellschaft und kümmert euch ums Mittagessen...

„... Donald und ich sehen uns die Sache mal an!"

Hmm... Hier, wo Big Jim gegraben hat, ist nicht mehr viel zu holen, aber... **schnüff, schnüff...**

Mein untrügliches Gespür sagt mir, dass hier unten noch jede Menge Gold lagert!

Nur Mut, Neffe! Machen wir uns ans Werk! Leichte körperliche Arbeit fördert den Appetit!

Leicht?!

Schnell vergeht die Zeit und unsere Freunde legen sich mächtig ins Zeug…

PLICK

PLICK

PLICK

Und so…

Hier bitte, Jim! Das ist genügend Gold für den Kredit bei der Bank!

Unglaublich, Dagobert! In weniger als zwei Tagen hast du so viel Gold geschürft!

Logo! Er ganz allein… **Ächz!**

„Lass uns gleich nach Carmacks zur Bank fahren…"

Aha…

BANK

Na gut, Big Jim! Du hast die Nuggets rechtzeitig hier abgeliefert, aber…

… es sind nicht genug!

Wieso das? Das ist doch die übliche Menge!

22

Das ist nicht zu schaffen! Selbst für jemanden wie dich! Wir sollten aufgeben!

Ts! Gib niemals auf, bis du nicht alles versucht hast!

Dagobert kehrt mit Donald in die Mine zurück und analysiert die Lage…

Hmm… hier gibt es ohne Zweifel genügend Gold! Aber selbst als Experte muss ich einräumen, dass wir das niemals rechtzeitig zusammenkriegen. Auch wenn wir ununterbrochen schuften!

Nur so kriegen wir in der Kürze der Zeit genügend Gold zusammen!

Das ist… viel zu gefährlich, Onkel Dagobert! Es hat doch hier erst einen Einsturz gegeben!

Also… geben wir doch auf?

Noch nicht! Ich habe da noch eine letzte zündende Idee!

Pah! Lass mich nur machen, Neffe! Ich habe genügend Erfahrung…

… um die Sprengkraft genau zu dosieren!

Ich werde nicht zulassen, dass dieser Bankräuber Jim die Mine wegnimmt!

So fertig! Schnell raus hier…

Kaum draußen, entzündet man das Dynamit!

BOMM

Onkel Dagobert! Onkel Donald! Geht es euch gut?

Macht euch nicht zu viel Hoffnung, Kinder! Billy hat viele Winter auf dem Buckel und ich weiß nicht, ob er bereit ist…

WIIIIEH

Das klingt doch nach einem Ja!

Na schön, Billy! Auf geht's!

Und so reiten Dagobert und Billy geradewegs in den Sturm…

SCHLITTER

Der Schnee fällt immer heftiger…

WUUUUSCHHH

… und er wird immer tiefer! **Schluck!** Wir kommen schlicht nicht weiter!

WIEEEH

Danke für alles, Billy! Ich weiß, du hast dein Bestes gegeben... Stell dich so lange hier unter!

Mir bleibt keine Wahl! Ich muss zu Fuß weitergehen! **Ieks!**

Das Dorf ist schon in Sicht... und scheint meilenweit entfernt!

Mit letzter Kraft schleppt sich Dagobert voran, während der Sturm immer heftiger tobt...

Huch! Nein! Eine Laaaa…wine!

SCHWIIISCHH

Derweil in einem gut beheizten Büro in Carmacks…

STUUURMMM

BANK

Hä, hä! Dieser Schneesturm kommt genau zur rechten Zeit!

In wenigen Minuten schließt die Bank und Big Jim hat es nicht geschafft, mir die fällige Rate zu bringen. Also gehört…

… die Goldmine jetzt ganz offiziell mir! **Hähähä!**

KRAWUMM

Normalerweise stürme ich nicht so herein! Aber die Lawine war so freundlich, mich hier abzusetzen!

Gurgel!

Hier ist die ausstehende Rate, bis auf die Unze genau!

Zugegeben, ich hatte ganz schön Gegenwind, aber letztlich ist es dem Sturm zu verdanken, dass ich pünktlich hier bin und das Gold übergeben kann! Ziemlich unerwartet, was?

Grrr!

Am Tag darauf mit milderen Temperaturen…

Ich weiß nicht, wie ich dir danken soll, Dagobert! Endlich ist die Mine aus den Fängen der Bank befreit und gehört ganz mir!

Sobald mein Arm in Ordnung ist, mache ich mich wieder an die Arbeit…

Hatschi! Wenn du dir nicht vorher in dieser Eishütte einen Schnupfen einfängst!

Der heftige Schneefall gestern hat es noch schlimmer gemacht…

Hust! Hust! Der Abzug des Kamins scheint fast völlig verstopft!

Dann machen wir dir vor der Abreise noch ein Geschenk! Wir reinigen deinen Kamin, damit du es hier schön warm hast!

An die Arbeit, mein lieber Donald!

Grmpf! Das war ja klar!

Wenn mir irgendwas in den Schoß fällt, dann anstrengende Arbeiten!

Und gefährlich ist es hier oben auch noch! Ich muss aufpassen, dass ich nicht...

KAPLUMPS

Hust! Hust! Kannst du nicht einmal etwas richtig machen, du Tölpel?!

Schnaub! Wie wär's mit der Frage, ob ich mir weh-getan habe?

Na schön! Dann kannst du ja wieder nach oben klettern und… **Huch!** Was haben wir denn da?

Seht nur… der Rauch zieht langsam ab!

Das ist ein glänzender Ansporn, die Arbeit bald wieder aufzunehmen und... hier eine ordentliche Heizung einzubauen! **Hahaha!**

Mach's gut, Big Jim! Pass auf dich auf!

FLAPP FLAPP

Du auch, Dagobert! Und danke für alles!

Alessandro Sisti (Story), Lorenzo Pastrovicchio (Zeichnungen)

Las Megawatts, die Stadt, in der es nie dunkel wird!

Bin ich froh, dass es dir gefällt, Minnie.

Um ehrlich zu sein, wundert es mich schon, dass du die Valentinsferien gerade hier verbringen willst.

Wieso nicht? Meine Face-duck-Freundin Luzinda Licht wohnt doch hier.

Ach so…

Ihr gehört die Ranch, in der wir unsere Zimmer mit Vollpension ge-bucht haben.

Neues Ziel!

TIPP TIPP

Vor Jahrzehnten bestand Las Megawatts nur aus solchen Höfen.

Und die Umgebung ist noch unverfälscht… fast schon roman-tisch.

LUZIS RANCH

39

Hallo! Wie schön, dir endlich mal gegenüberzustehen!

Wie wahr, Minnie! Herzlich willkommen!

Du bist der Verlobte, oder? Auf Minnies Seite ist dein Foto!

WATSCH

Umpf! Angenehm!

Eine gute Idee, in diesen Tagen herzukommen. Bald ist doch…

Valentinstag?

Schon, aber ich meine die Nacht des Sternenlichts.

Wie?

Habt ihr etwa noch nie davon gehört?

Machen wir einen derart hinterwäldlerischen Eindruck?

Jeder kennt doch die Aktion gegen Energievergeudung.

Eben! Eine Nacht ohne elektrisches Licht.

Bravo!

So bringen wir zum Ausdruck, dass wir alle unbedingt weniger Energie verbrauchen sollten.

Die Stadtverwaltungen schalten sogar die Beleuchtung der Straßen und Plätze ab.

Jepp! Ich habe auch immer mitgemacht.

DOTZ

Leider weigern sich aber viele meiner Mitbürger, sich ebenfalls an der Aktion zu beteiligen.

Redest du von den Hotels, Casinos und Theaterhäusern?

Ja! In keiner anderen Stadt wird mehr Energie durch Werbetafeln und Leuchtreklame verpulvert als hier, aber…

Das wäre doch wahnwitzig.

42

Ich habe etwas Besseres vor.

Dieses Jahr geht es nicht nur ums Stromeinsparen, sondern auch um den Einsatz erneuerbarer Energie.

Dazu habe ich meine Ranch mit einer Anlage ausgestattet, die den Mist aus den Ställen in Strom umwandelt.

Warte mal, Luzi! Es tut mir leid, aber…

…ich habe eine enorm empfindsame Nase.

Du wirst die Besichtigung schon überstehen.

Hier gibt es keinen üblen Stallgeruch.

Wenn in der Sternenlichtnacht die Lichter ausgehen, fährt die Anlage hoch.

Das wäre ja morgen Abend!

Im Splendor findet dann das erste Konzert der Tournee von Traugott Träller statt!

HOTEL SPLENDOR TRAUGOTT TRÄLLER ERSTES KON... DER WELTTOU...

Wolltest du da nicht hin- gehen?

Und mir bei strahlender Bühnenausleuchtung hohle Texte zu langweiliger Musik anhören?

Das kannst du getrost vergessen, Franki.

Grumpf!

Schade, weil...

...Traugott Träller einer meiner Lieblings- sänger ist.

Meiner auch... und das weiß Franki genau.

Ich wette, er hat den Auftritt extra in die Sternenlichtnacht gelegt.

Einige Stunden später...

Kompliment, Luzi! Das Essen war vorzüglich.

Um von dem wundervollen Sonnenuntergang gar nicht zu reden.

Ja, es ist jetzt fast Nacht.

Zeit, um den neuen Generator auszutesten.

Ab jetzt gibt es nur noch ökologische Illumination!

KLACK

ZENTRAL-SCHALTUNG

Und?

O-oh!

48

Der sich offenbar an der Elektrik zu schaffen gemacht hat.

Jedenfalls sah meine Schaltung ganz anders aus.

Immerhin funktioniert sie wieder.

Später...

Die ganze Sache kommt mir mehr als seltsam vor.

Gute Nacht, Freunde!

Bis morgen, Luzi!

Er hat also erst die Anlage sabotiert und sie dann wieder zum Laufen gebracht?

Tja, aber wieso?

Wer es war, weiß ich bereits.

Wo hast du das gefunden?

Im Transformatorenhäuschen. Offenbar hat der Saboteur sie dort verloren.

HOTEL SPLENDOR TRAUGOTT TRÄLLER ERSTES KONZERT DER WELTTOURNEE

Ja, wieso hat er das getan?

Das müssen wir herausfinden.

Womöglich brauchte er die Dunkelheit, um etwas zu vertuschen.

Oder wir denken in die falsche Richtung.

Wie beim Energieproblem. Da gibt es zwei Lösungen. Weniger zu verbrauchen oder neue Quellen zu finden…

Die Anlage funktioniert wieder und du fragst dich, ob du verladen wurdest.

Vielleicht lautet die richtige Frage aber ganz anders.

Klar! Du hast ja recht, Minnie!

53

Das sind doch Elektriker!

Franki lag schon immer viel daran, sein Hotel ins beste Licht zu rücken.

Dann wird er uns wieder überstrahlen!

MANGO BAY

So ein Ärger!

Jetzt bleibt uns nur, lichttechnisch aufzurüsten!

Wir hätten einschreiten müssen!

PELIKAN'S

KLEINER CANYON

Ist das aufregend, Minnie!

Die Nacht des Sternenlichts bricht herein!

Nur keine Panik, Luzi! Der Generator läuft jetzt tadellos.

Ich sorge mich um den Radiosender „Ökowelle", der die Aktion ins Leben gerufen hat.

Ach, der Sender von Zyrus Zack und Lollo Libello?

Genau! Ich habe sie gebeten, über meine Anlage zu berichten.

Sie haben zugesagt, von hier zu senden.

Und so...

Wir sind da, Zyrus.

RASSEL RASSEL

Sicher? Wo sind denn die berühmten Lichter von Las Megawatts?

Die sind aus!

Dann machen Sie jetzt doch bei der Aktion mit?

Ts! Nie und nimmer!

FLAMM

Argh!

Die neuen Scheinwerfer sind die Wucht!

Seltsam! Das Splendor ist stockdunkel.

Unerhört! Soll das etwa die Nacht des Sternenlichts sein?

HOTEL SPLENDOR

Ihr vergeudet in einer Stunde mehr Energie, als ein Dorf im Jahr verbraucht.

Oder eine Wüstenoase in einem Jahrtausend!

Übler geht es nicht. Wir werden brühwarm darüber berichten.

Hüstel… Zyrus?

Für die Übertragung brauchen wir aber Strom.

Es ist genug davon da.

Ein Kabel für den Herrn, Page!

Sehr wohl!

SCHNIPP

VRRR

Seufz! Jetzt müssen wir uns an diesem Raubbau noch beteiligen.

Es ist doch für eine gute Sache.

HOTEL

Außerdem verbraucht unsere mobile Sendestation nur sehr wenig Strom.

KA-KLACK

Glückwunsch, Frau Licht.

Sie sind der Leuchtturm im Meer der Verschwender.

Zyrus und Lollo!

Welch ein Triumph!

BREMS

Ich hätte nie gedacht... he, wen rufst du jetzt an?

Das solltest du wissen.

BIEP BIEP BIEP

Ich will nur rasch ankündigen, dass der große Moment gekommen ist.

Der Moment wozu?

Na, dazu!

Das Splendor! Und strahlender als je zuvor!

Das Splendor generiert den Strom, den es braucht, jetzt selbst.

Quatsch! Dein Hotel ist kein Hof und hat keine Ställe!

Ein Biomasse-generator ist nicht die einzige Methode, um Strom zu erzeugen.

Vor allem nicht, wenn man in Las Megawatts wohnt, das bekanntlich in der Wüste liegt.

Ja, und?

Kommt mit, dann zeige ich es euch!

Rasch in den Wagen!

Vor der Stadt…

Natürlich! Sonnen-kollektoren!

Richtig! Ich habe sie aufstellen lassen, um die Sonnenstrahlen am Tag in Strom um-wandeln zu können.

Ich werde dich ab jetzt in einem anderen Licht sehen.

Genau das hatte ich mir erhofft.

Wirklich? Aber wieso denn?

Hast du dich denn nie gefragt, wieso Franki jeden Tag zur Ranch kommt?

Wohl kaum, um dich von deinen Ideen abzubringen.

Du warst immer so feindlich gesinnt… da hatte ich gar keine Hoffnung mehr…

Und als du Franki erzählt hast, dass du die Elektrik angeschlossen hast, hat er sich die Anlage…

„…vorgenommen, damit sie heute auch funktioniert…"

So, das müsste jetzt klappen.

Bin wohl doch nicht so gut darin.

Ja, aber ich bin's.

63

Deine beiden Freunde haben rasch kapiert, dass ich es war und wieso ich es gemacht habe.

Deshalb bin ich zu ihm gefahren...

„...und habe ihm Mut gemacht..."

Luzi scheint nicht zu begreifen, wie wichtig sie mir ist. **Seufz!**

Aber Sie wissen, was ihr wichtig ist.

Ja! Ich würde gerne den Verbrauch senken, aber dann müsste ich das Splendor schließen.

Es gäbe da schon einen Weg, das Problem zu lösen und Luzi dabei zu zeigen, dass Sie auf ihrer Seite sind...

Von Micky habe ich die Idee mit den Kollektoren. Aber auf etwas anderes bin ich selbst gekommen.

Oooh!

Gefällt es dir? Ein Restaurant für uns beide.

Sogar mit eigener Band.

Traugott Träller! Er singt nur für uns.

Eine wunderbare Idee! Aber wieso hier und nicht im Restaurant des Splendors?

Weil dieser Ort direkt unter dem Sternenlicht liegt.

Ja, das kann man so sagen.

Carlo Panaro (Story), **Paolo Campinoti** (Zeichnungen)

NTEN AUS STAHL

Zu Beginn des vorigen Jahrhunderts gab es in Amerika eine Einwanderungswelle. Viele kamen über den großen Teich, um ihr Glück zu machen...

Unter ihnen befanden sich auch...

...Dussel...

Hör auf damit, sonst lasse ich dich kielholen!

TRÖÖÖT

Heute früh kam mir die Idee, Musiker zu werden. Da muss ich doch jede Gelegenheit zum Üben nutzen.

Matteo Venerus (Story), **Michele Mazzon** (Zeichnungen)

I-2980-2

...Gustav...

Ich protestiere, Herr Kapitän! Dieser Kerl hat mir mit einem ganz miesen Trick meine Kabine abgeluchst.

Die Glücksgöttin möchte, dass ich bequem reise. Das ist in der 3. Klasse kaum möglich.

...Franz...

Die Vorratskammer ist ratzekahl leer. Dieser Vielfraß hat alles aufgegessen.

Ich habe ein Loch im Magen. Außerdem soll essen gegen Seekrankheit helfen.

...und dann noch Donald.

Mit diesen Passagieren hat man nichts als Ärger.

Gibt es etwa Katastrophen an Bord? Ich hoffe, das hat nichts mit mir zu tun.

Leider trage ich mein Pech wie eine schwarze Wolke vor mir her. Und auch meine Landsleute blieben nicht verschont.

Schließlich bat man mich in aller Höflichkeit, doch nach Amerika auszuwandern. Da meine Vettern nichts Besseres vorhatten, kamen sie mit.

Wir wollen zu meinem Onkel. Der hat in New York sein Glück gemacht.

Nun ja, es ist ja auch die Stadt der unbegrenzten Möglichkeiten.

Eben, Herr Kapitän! Aber nur, wenn wir den Sturm heil überstehen.

Äh... was wollen Sie damit sagen?

DONNER KRACKS

Ich hätte besser den Schnabel gehalten.

Mach dir keine Vorwürfe, Donald. Hauptsache, wir sitzen alle im selben Boot.

Genau! Ob zu Wasser oder an Land, wir bleiben zusammen.

Wenn das so ist, dann legt euch in die Riemen, Leute. Der große Apfel wartet auf uns!

Schlurps! Her mit der Frucht!

Ich weiß, dir läuft das Wasser im Mund zusammen, aber...

„...der große Apfel ist nur ein anderer Name für New York!"

In unserer Metropole findet trotz der Weltwirtschaftskrise ein Wettstreit von geradezu epischen Ausmaßen zwischen den Magnaten Dagobert Duck und Klaas Klever statt.

Dabei geht es um die Wahl des Präsidenten des „Klubs der Magnaten", der nur der werden kann, dem es gelingt, das höchste Gebäude der Welt zu bauen.

Der Titel ist mir so gut wie gewiss. Der Speicher meiner gesamten Habe ist bereits höher als Klevers Bankturm.

Dort sind meine Talerchen in Sicherheit, was sie in Klevers Bank nebenbei bemerkt nicht wären.

Gab es etwa einen Überfall auf Ihre Bank? Wieso haben Sie das nicht der Presse gesagt?

Oh! Äh... weil ich die Bürger der Stadt nicht mit Banalitäten belasten wollte.

Doch reden wir über meinen Turm. Er wird um zehn Etagen aufgestockt.

GARGL

BANKTURM   DUCK-SPEICHER

280m

K. KLEVER

Großartig! Die Leser werden von diesem himmelschreienden Plan begeistert sein.

Sicher! Denn nach dem derzeitigen Stand der Technik kann es keine höheren Gebäude geben.

BANKTURM   DUC

280m

DD

Was bedeutet, dass Ihr Speicher unter seiner eigenen Last einstürzen wird.

DUCK-SPEICHER

RATSCH

DUCK

Zu diesem Schluss sind meine Architekten gelangt. Was sagen Ihre Fachleute dazu?

Wie? Also, die... äh...

„...muss ich dazu noch einmal befragen."

Hrmpf! Sie sind wirklich der eigenartigste Erfinder, den ich kenne.

SURRR

Klever plant, mich um einige Meter zu übertrumpfen, und Sie vergeuden wertvolle Zeit, indem Sie hier oben herumlungern.

Aber hier oben kann ich ungestört nach ausgefallenen Ideen suchen.

Gewaltige Werke benötigen Inspiration.

Und vor allem Geld. Wenn Ihnen nichts einfällt, bin ich ruiniert!

Pah! Was bedeutet schon Geld? Mir geht es darum, mir einen Namen unter meinen Kollegen zu machen.

Die glauben, die Grenzen des technisch Machbaren müssten innerhalb ihres Vorstellungshorizonts liegen.

Richtig, Herr Duck! Vor Jahren schon glaubte man, man könne nicht höher bauen und...

Ich kann nicht auf den Fortschritt warten!

Gut, aber wer nie das Mittelmaß überflügeln will, der wird nie die Krone des Siegers tragen.

Krone? Das klingt interessant. Man setzt sie auf, und schon wirkt man...

Das ist es! Sie brauchen keine weiteren Stockwerke auf den Speicher zu setzen.

Der ist doch längst da. Schauen Sie sich doch um. Überall ragen Wolkenkratzer in den Himmel.

Eine einfache Form, leicht und luftig, würde genügen, um den Bankturm zu überragen.

Eine Kuppel? Natürlich!

Wir bauen sie heimlich und setzen sie erst ganz zum Schluss obendrauf.

„Auf diese Weise erfährt Klever nichts davon und kann unseren Plan nicht vereiteln."

Da ist das Versteck der Bankräuber, Chef! Es war nicht schwer zu finden.

Harhar! Nicht übel, die Beute aus dem Überfall auf Kleverchens Bank! Endlich können wir auch mal was ausgeben.

Ihr denkt immer nur ans Vergnügen, Brüder. Dabei sollten wir Panzerknacker vor allem an unserer Karriere feilen.

Recht hast du! Wir müssen die gefürchtetsten und erfolg- reichsten Ganoven der...

Wie ich höre, seid ihr ehrgeizig. Mit solchen Leuten mache ich gern Geschäfte.

Argh! Lauft, Brüder! Sie haben uns erwischt!

Wartet! Äh... haben Sie gerade etwas von Geschäften gesagt?

Habe ich, und es ist mein voller Ernst. Arbeitet für mich, dann werde ich euch auch nicht bei den Plattfüßen verpfeifen.

Werdet Teil meines Plans, Manhattan wie ein Krake zu umschlingen und König von New York zu werden!

Dazu muss ich mich zum Bürgermeister wählen lassen, was nur gelingt, wenn ich eine weiße Weste...

...und Erfolg habe. Aber ich muss den Wolkenkratzerwettstreit mit allen Mitteln gewinnen!

Und da kommt mir ein Trio mit euren Fähigkeiten durchaus gelegen.

Pah! Kommt nicht in die Tüte. Die Panzerknacker machen für niemanden die Drecksarbeit! Nicht wahr, Brüder?

Äh... wir Panzerknacker sind aber auch recht anpassungsfähig.

Vor allem, wenn ihr gar keine andere Wahl habt, oder?

Eure erste Aufgabe besteht darin, die Arbeiten am duckschen Speicher zu behindern. Ich bin sicher, ihr schafft das.

HAHAHA

SKRIETSCH

Oh, wie ist das Rauben schön...

Die Beute nehme ich wieder an mich. Es ist ein Vergnügen, euch als Mitarbeiter zu haben.

Grmpf! Dieser eingebildete Hansel!

Wie konntet ihr sein Angebot annehmen? Was ist aus unserem Traum von Ruhm und Glorie geworden?

Der besteht noch, aber wir träumen nun einmal lieber hier als in Sing-Sing!

Außerdem ist die Arbeit für diesen neureichen Fatzke ein Trittbrett für unsere Laufbahn. Denkt mal nach...

Klar, wir ackern für ihn und führen genauestens Buch über jeden seiner Aufträge...

Eben! Und damit haben wir ihn in der Hand. Wenn er nicht spurt, geben wir der Presse einen Tipp.

Auf diese Weise werden wir und nicht dieser Angeber die wahren...

...Könige von New York!

Könige? Also, ich fände „geheime Imperatoren" oder „Bosse aller Bosse" besser. Aber okay...

80

„Ich schätze, Onkel Dagobert wird vor Freude Luftsprünge machen."

Ihr Onkel steckt gerade in einer großen Krise.

Buhuuu! Ich bin ruiniert. Schluchz!

Alle Arbeiter haben gerade die Baustelle verlassen.

Und dann sind sie einfach zur Konkurrenz gegangen, diese Verräter.

Es ist klar, dass Klaas Klever alles tun wird, um zu gewinnen.

Aber wenn er denkt, dass er mich mit seinen miesen Tricks unterkriegt, irrt er sich gewaltig.

Neffen, ihr werdet das Gebäude fertigstellen. Daniel Düsentrieb wird euch genau erklären, was ihr zu tun habt.

Was sagst du da?

Damals gab es viele, die so dachten wie Donald...

Hallo, Daisy! Sind Sie bereit?

Ich bin eins mit dem Objektiv.

AB!

Ausgezeichnet! Dann erklären wir den Lesern genau, wie man ein Gebäude baut, das wirklich bis in den Himmel reicht!

„Für das Skelett des Wolkenkratzers braucht man Unmengen an Profilstahl, der auf Lastwagen..."

Wow! Die Hupe hat einen irren Sound!

POOO-POOO-POOOT

„...quer durch den Innenstadtverkehr zur Baustelle gebracht wird."

POO-POOT

„Vor Ort werden die Träger und Stützen gesichert und an einen Kran gehängt..."

Fehlt noch der Korb mit dem Essen, schon kann es losgehen.

KINO

„...der fest verankert auf dem obersten Stockwerk angebracht ist..."

„...und von draufgängerischen Arbeitern bedient wird."

Ups! Ich hoffe, der Wind wächst sich nicht zum Sturm aus.

„Was ihnen unter Umständen schier akrobatische Leistungen abverlangt."

„Andere Arbeiter bereiten derweil die Verbindungselemente vor..."

Ich wünschte, das hier wäre ein Drehbuch und ich würde gerade den Text meiner Hauptrolle vortragen.

„...indem sie die Nieten behutsam in der Glut erhitzen."

„Die glühenden Nieten werden dann in die Träger geschlagen, um das Stahlskelett unzerstörbar zu machen."

„Es ist eine harte und schwere Arbeit, zu der man eine Truppe vertrauenswürdiger Leute braucht."

„Und so geht es weiter, Stück für Stück..."

DING DENGEL DONG

Hahaha! Hört euch den Rhythmus an.

„...und Etage für Etage."

Hm... was ist besser, Profil- oder Dreiviertelansicht?

„Und schon ist es Zeit für eine rasche, aber deftige Mahlzeit..."

Mjam! Wie heißt es so treffend? Höhenluft macht hungrig.

„Leider ist der Lohn mehr als karg..."

Wie kannst du es wagen, nach Lohn zu fragen, du gieriger Nichtsnutz?

WUSCH

„Andererseits ist es ein unbezahlbares Gefühl, dem Himmel so nah zu sein."

„Aber man sollte dabei wohlgemerkt immer auf der Hut sein..."

Oha! Es fängt an zu regnen. **O nein!**

BLIPP

BLIPP

„...denn das Unvorhersehbare liegt dort oben ständig auf der Lauer!"

ZAPP

Stöhn! Ich fürchte, dieses Foto ist nicht ganz so werbewirksam, Daisy.

Wieso denn nicht? Vertrau mir, Donald. Immerhin verdanke ich dir diese großartige Gelegenheit.

Tatsächlich gehören einige der Fotos noch immer zu den besten der Welt.

Argh!

Wie ist das möglich, Anwantzer? Woher kommen denn diese Neffen so plötzlich?

Aus Europa. Und Ihre sämtlichen Zeitungen haben sie bereits zu großen Helden gekürt.

Hören Sie sich das an: „Trotz aller Gefahren vergessen sie das Lachen nicht und sind stets guter Laune."

NEW YORKER KURIER

Und dieser alte Knauser wiegt sich in Sicherheit, dabei bin ich ihm um Längen voraus.

Ich kenne diesen Sturkopf! Er hat bestimmt noch irgendein Ass im Ärmel.

RATSCH

KNÜLL

„Daher möchte ich, dass jeder seiner Schritte lückenlos überwacht wird!"

Nach der Plackerei haben wir uns eine Pause verdient.

Zzz...

Ja, schon. Aber was machen wir jetzt, wo das Gebäude doch fertig ist?

Mir haben Daisys Fotos Glück gebracht. Man hat mir sogar schon einen Termin zum Vorsprechen angeboten.

Und Franz ist bereits einem Sportmanager aufgefallen. Er sagt, Franz habe genau die Statur, um jeden auf die Bretter zu schicken.

KNUFF

Wie? Ach ja... klar.

Ich habe den Vertrag schon unterschrieben. **Mampf!** Er garantiert mir viele Mahlzeiten, damit ich auch in Form bleibe. **Schmatz!**

Du Glücklicher. Ich habe Kontakt zu einem Jazzklub...

...konnte mich aber noch für kein Instrument entscheiden.

Das brauchst du doch auch gar nicht. Versuch doch einfach, mit deiner Stimme berühmt zu werden.

Für mich war es das Größte, an Onkel Dagoberts Speicher zu arbeiten und Etage für Etage bis zum Himmel emporzuklimmen...

...und ein Werk zu schaffen, das trotz meines Pechs noch die Nachwelt verblüfft...

Grmpf! Was dir nicht gelingen wird, wenn du weiter hier herumlungerst.

Los geht's, Neffen! Meinem Wolkenkratzer soll jeden Moment die Krone aufgesetzt werden!

Seht! Sie wird bereits hertransportiert.

Unter größten Sicherheitsvorkehrungen.

RASCHEL

„Erst am Ende des Wettstreits ziehe ich mein Ass aus dem Ärmel..."

„...und lasse es genau da anbringen!"

OOOH! AAAH!

Und, Milliardärchen? Wie gefällt Ihnen das Schauspiel?

Sie sollten mit Ihrem Siegesgesang noch etwas warten. Das Unvorhersehbare lauert da oben doch überall. **Hehehe!**

Helferlein? Du solltest doch bei Herrn Düsentrieb bleiben.

Was? Eine Bande von Galgenvögeln hat das Luftschiff gekapert?

Hehehe! Alles läuft wie geschmiert. Klever wird zufrieden sein.

Und wir haben seiner Weste noch einen dunklen Fleck hinzuzufügen.

Genau! Und jetzt, da der alte Duck schon den Vorgeschmack des Sieges gekostet hat...

...drehen wir noch einmal eine Runde um seine Hütte.

WIRRRRRRRRR

Aber... was geht denn da vor? Der Zeppelin dreht ja ab!

Wie ich schon sagte, das Unvorhersehbare lauert überall.

Hm... möchte wissen, wo der kleine Freund von unserem Gehirnakrobaten ist. Der kann sich doch nicht verkrümelt haben, oder?

Kann er schon. Aber was soll's!

Rasch...

...haltet euch fest!

Egal wie und woran!

Haltet durch! Der Sturm ist gleich überstanden. Seid ihr alle noch da?

Fast alle. Einer fehlt, und zwar...

...Gustav!

Das Glück war mir mal wieder hold. Es ließ mich genau ans Steuer gleiten. Und jetzt werde ich das Kind schon schaukeln.

Sehr gut, Vetter! Dann keine Müdigkeit vortäuschen. Wir haben eine Kuppel anzubringen...

Später benutzten Daniel Düsentrieb und sein Helferlein den Speicher viele Male als Inspirationshilfe, um auf weitere große Ideen zu kommen...

Was hältst du davon, nach Westen zu gehen und eine Talsperre zu bauen?

Dussel wurde wirklich Musiker. Und da er sich für kein Instrument entscheiden konnte, spielte er einfach alle...

Gustav begeisterte das Publikum und wurde alsbald der neue strahlende Stern am Theaterhimmel des Broadway...

Franz machte der Ring tatsächlich berühmt. In der Klasse des Maximalschwergewichts war er jedem Gegner überlegen... im Verzehr von Hotdogs.

Sieg durch technisches K. o.! Franz, der alles verschlingende Berg!

FRISCHE HOTDOG

Und Donald fand endlich den Ort, den er immer gesucht hatte, um ein Haus zu bauen...

...das in den Himmel ragen sollte.

Bleib so... sehr schön! Gleich kommt der Blitz.

RRROMPEL

Obwohl es bei seinem sprichwörtlichen Pech sicher besser gewesen wäre, er hätte zuerst das Dach gebaut.

ENDE

AUF DEN SPUREN DER BIG-FOOTS

Walt Disney

An den Lagerfeuern der Ureinwohner Kanadas erzählt man sich viele Geschichten. Eine dieser Legenden handelt von den „Bigfoots", riesigen, ganz und gar mit Fell bedeckten Kreaturen, die in den unendlichen Wäldern hausen sollen. Doch niemand hat diese Bigfoots je gesehen, und es gibt keinen Beweis dafür, dass diese Wesen jemals existiert haben…

I/T 2086 A

Massimo De Vita (Story & Zeichnungen)

Eines schönen Morgens klingelt es an Professor Zapoteks Tür…

Ein Paket für Sie, Herr Professor!

Oh! Danke!

Dabei erwarte ich gar kein Paket! Was mag das sein?

Ein altes Buch! Und dem Buch liegt ein Brief bei!

„Lieber Zapotek, beim Aufräumen des Dachbodens fand ich das Tagebuch eines meiner Vorfahren, der in den einsamen Wäldern der Mackenzie-Berge lebte! Es wird Sie bestimmt interessieren! Ihr Kollege Martin"

Schauen wir mal hinein! Aber… oh! **Ohoho!**

Indiana Goof ist schon seit ein paar Tagen im Haus von Micky Maus zu Gast…

Nun komm schon, Indiana! Gib dir endlich einen Stoß!

Ein Abenteuer-Archäologe wie du kann doch nicht den ganzen Tag in der Hängematte liegen und faulenzen!

Von wegen Abenteuer! Die Zeiten haben sich geändert! Wer braucht denn heute noch einen wie mich?

Alles ist längst entdeckt! Wo gibt es denn heute noch Geheimnisse aufzuspüren? Ich bin völlig überflüssig!

Nimm eine Negrita! Das baut dich wieder auf!

Igitt! Lakritz! Schrecklich!

Einige Zeit später...

Armer Indiana! Nicht einmal seine geliebten Negritas schmecken ihm! Das verheißt nichts Gutes!

Verstehen Sie, dass ich mir Sorgen um meinen Freund mache, Professor Zapotek?

Aber gewiss doch!

Die Welt wird immer kleiner und überschaubarer!

Was Indiana bräuchte, wäre ein Abenteuer ganz nach seinem Geschmack! Aber…

…woher nehmen und nicht stehlen?

Hm…

An diesem Abend…

Warum machen wir nicht einfach eine Expedition ins Blaue, statt uns hier zu langweilen?

Ach…

Lass uns einfach losfahren! Komm, Indiana, wir suchen uns unser Abenteuer an Ort und Stelle!

Na? Was hältst du davon?

Ach, ich weiß nicht so recht…

WUSCH

Kopf hoch, Leute! Rätsel und Geheimnisse sind Wasser auf die Mühlen von Indiana Goof!

ZIPP

Los, Micky! Wir folgen den Spuren und finden heraus, von wem sie stammen!

MAMPF

Du sagst es, alter Knabe!

Und so...

Weißt du noch, wie sehr du dich gelangweilt hast?

Klar! Hiermit nehme ich alles zurück! Gefahr ist meine zweite Natur!

Beim Stamm der Tahltan habe ich mal was über einen Bigfoot gehört! Das ist so eine Art Yeti, der nach der Legende hier in diesen Wäldern leben soll!

Ach ja?

Denkst du, das war... ein Yeti?

Ich bin mir nicht sicher! Immerhin, diese Abdrücke...

108

…und die Stelzen haben Sie also benutzt, um diese wunderschöne Fährte zu legen! Aber wozu das alles?

Das will ich Ihnen sagen, mein lieber Freund! Aus zwei Gründen!

Der erste war, dass ich Sie dadurch aus Ihrer Teilnahmslosigkeit befreien wollte! Und der zweite Grund…

Dann warst du in alles eingeweiht?

Nun ja… so ganz zufällig hat dein Wurfpfeil dieses Ziel nicht gefunden!

Ich hatte nämlich vorher hinter der Landkarte einen Magneten versteckt! Hihihi!

Noch nie hat mich jemand so hintergangen und beleidigt!

Aber… so warte doch!

111

Der zweite Grund war, dass es tatsächlich Beweise für die Existenz dieser Wesen gibt!

Beweise?

Tja, aber um die Bigfoots zu finden, bin ich auf die Hilfe eines erstklassigen Spurenlesers wie Sie angewiesen!

Ähem... äh... keine Schmeicheleien, bitte!

Das hier ist das Tagebuch eines alten Einsiedlers, der in diesen Wäldern gehaust hat! Darin steht, dass er den legendären Bigfoots selbst begegnet ist...

...und hier steht auch, wie diese Kreatur beschaffen ist!

Nicht übel! Sieht doch recht sympathisch aus!

Der Tagebuchschreiber hatte sich während eines Schneesturms verirrt und wurde von diesen Wesen gerettet!

Sie sind also nicht gefährlich?

Im Gegenteil! Der Alte beschreibt sie als überaus fürsorglich, sozusagen als Schutzgeister des Waldes!

Warum sollten wir zu dieser Hütte gehen?

Ich nehme an, dort befindet sich ein handfester Beweis für die Existenz dieser Bigfoots!

Was meinen Sie, was das für eine wissenschaftliche Sensation wäre, wenn wir so ein Wesen fotografieren oder einfangen könnten!

!

Durch verschneite Täler und über schwindelerregende Hänge geht es voran...

Japs! Eigentlich müssten wir gleich da sein!

Haben Sie das hier schon bemerkt?

Löffel und Gabel von beachtlicher Größe! Ich bin sicher, dass das die Entenhausener Museen interessiert!

Das glaube ich nicht! So was kann sich schließlich jeder schnitzen! Das riecht nach Betrug!

Du bist ganz schön misstrauisch!

Yetis, die mit einem Besteck essen? Lächerlich! Und auf dem ganzen Weg hierher haben wir nichts von diesen Bigfoots entdeckt!

Ich sagte doch, dass sie sehr scheu sein sollen!

Und Spuren? Wenn die Kerle so riesengroß sind, müssten sie doch wenigstens Spuren im Schnee hinterlassen!

Habt ihr das gehört? Die Fremden glauben nicht, dass es uns tatsächlich gibt!

Es ist ja auch nicht leicht, an uns zu glauben!

Denkt ihr, wir sollten uns ihnen zeigen?

Einige Zeit später…

Wir machen jetzt einen kleinen Erkundungsgang! Kommst du nicht mit?

Nein danke! Ich bleibe lieber hier!

Armer Indiana! Er wirkt fast schon wieder so lustlos wie vorher!

Bestimmt wird er sich den ganzen Tag über langweilen!

Ganz unrecht hat er nicht! Wir haben hier alles abgegrast, aber leider bisher ohne Erfolg!

Tja! Und dabei wollten wir ihn mit einem Abenteuer locken, das seiner würdig ist!

Schöner Reinfall!

Ich glaube fast, der Alte hat sich mit seinem Tagebuch einen Spaß erlaubt und wollte lediglich jemanden reinlegen!

Meinen Sie?

Die Wärme während der letzten Tage hat die riesigen Schneewechten oberhalb der Hütte zum Schmelzen gebracht!

KNIRKS

119

Die Stunden vergehen, und unsere Freunde sind völlig ratlos…

Jetzt haben wir doch wirklich alles umgegraben! **Keuch!**

Das ist allein unsere Schuld! Wir haben ihn in diese Wildnis gelockt!

Daran darf ich gar nicht denken! **Seufz!**

Schluchz! Das werde ich mir nie verzeihen!

Hallo, Leute! Was macht ihr denn für eine Leichenbittermiene?

Indiana?!?

Ächz!

Alter Knabe! Wie schön, dich heil und gesund wiederzusehen!

Wie hast du es geschafft, da rauszukommen?

Indiana Goof hat sieben Leben! Wie eine Katze!

Hier ist Ihr Hut, Indiana! Das ist das einzige, was wir unter der Lawine finden konnten!

Oh, vielen Dank!

Jammerschade! Jetzt ist nicht nur unsere Ausrüstung futsch, sondern auch die Beweise für die Existenz der Bigfoots!

Bestehen Sie etwa immer noch darauf, an diese „Legende" zu glauben?

Schon gut… ich sollte wohl endlich vernünftig werden!

Jetzt zweifelst du sicher mehr denn je an deiner Zukunft, Indiana, oder?

Im Gegenteil! Diese Sache hier hat mich wieder so richtig aufgeladen! Was haltet ihr von einer Reise nach Neuguinea? Dort sollen die letzten Baum-Menschen leben! Oder vielleicht besser zu den Papua-Inseln, wo es bla, bla…

O nein!

Hier könnte unsere Geschichte nun zu Ende sein! Aber dann wüsste ja niemand, was mit Indiana Goof passiert ist…

Blättern wir also einfach noch einmal drei Seiten zurück…

Hu-huch! Wo bin ich?

Die Bigfoots! Es gibt sie also wirklich!

Das können wir nur bejahen!

In der Tat!

Aber… wo bin ich?

Wir befinden uns hier in unserem unterirdischen Dorf!

Schluck! Das ist ja fantastisch!

Man müht sich nach Kräften, in aller Bescheidenheit!

Trink einen Schluck Brühe! Das wird dir guttun!

Ihr esst mit Besteck?

Sicher doch! Und wir haben noch andere Errungenschaften…

…zum Beispiel unser großartiges Verkehrssystem!

PARKPLATZ

HUP HUP

RUMPEL RUMPEL

EINBAHN-STRASSE

HOPS

HOPS

Oder unsere Fahrstühle!

Außerdem machen wir gern Musik…

Bis es soweit ist, versuchen wir, hier unsere Aufgabe zu erfüllen! Es gibt noch so viel zu tun!

Hast du dich schon mal gefragt, wer die Pilze aussät? Oder wer die Spitzen der Tannen alle in einer ganz bestimmten Art und Weise ausrichtet?

Tut ihr das etwa?

Ja! Und wir färben auch alles rot, wenn es Herbst wird, mein Freund! Aber ich sehe, du hast dich erholt und kannst zu deinen Begleitern zurück!

Darf ich dir noch eine Frage stellen?

Wie macht ihr es, dass ihr beim Laufen im Schnee keine Spuren hinterlasst?

Hehehe! Dieses Geheimnis kann ich dir leider nicht verraten...

...so wie du niemandem etwas über uns erzählen darfst! Leb wohl!

Ich schweige wie ein Grab!

Sergio Tulipano (Story), **Paolo Mottura** (Zeichnungen)

Giorgio Martignoni (Story), **Sergio Asteriti** (Zeichnungen)

Lass das, Berghammel! Kater Karlo hat eine Mission zu erfüllen!

Bääääh!

Hübsches Temperament, mein Lieber! Aber ich bin gleich wieder weg… Hä?

Aaargh!

Keine Angst, wir helfen euch!

Nur Mut, mein Freund! Verdien dir deinen Keks!

KRACKS

Macht schnell!

Was ist los da unten?

Wir sind in Schwierig- keiten! Ein Seil ist gerissen!

Bravo! Glückwunsch! Sie sind ein leuchtendes Vorbild für uns alle!

Vor allem für die Jüngsten!

Redet ihr mit mir?

GROSSER GIPFEL-WETTBEWERB

BERGSTEIGER-KURSE

GROSSER GIPFEL WETTBEWERB

Ja, sicher! Wir haben Sie beobachtet! Sie haben zwar das Ziel nicht erreicht, aber…

Verstehe! Macht es kurz!

Haha! Wir wollen Sie trotzdem einladen…

… als Ehrengast beim Fest der Berge!

Ihr wollt mich einladen, statt einbuchten?

FEST DER BERGE

Haha! Guter Witz!

Und so…

… selbstlos und großzügig… bla, bla… hat er auf den Sieg verzichtet, um anderen in der Not zu helfen!

Bravo!

KLATSCH
KLATSCH
GROSSER
KLATSCH

Deshalb wird unser Ehrengast heute den Siegern des Gipfel-Wettbewerbs den Goldenen Eispickel überreichen!

Das sind wir! Hurra!

Aber sicher geben Sie vorher noch einen kleinen Grundkurs zu den Gefahren der Bergwelt, nicht wahr?

JURY

Bis dann! Wir sehen uns bei der Preisverleihung!

Aber… aber ich…

138

139

Klarabella, scharfzüngige und spitzfindige Reporterin des Daily Tribune ist auf dem Weg nach…

TRAUMJOB IN HOLLYWOOD

Hollywood, wir kommen!

Weißer Strand… kristallklares Wasser… herrlich!

Äh, Rudi…

…wir sind hier, um zu arbeiten!

François Corteggiani (Story), **Corrado Mastantuono** (Zeichnungen)

144

Mischi ist verschwunden? Das ist ja wunderbar!

Dann tut ihr jetzt alles, um sie zu finden! Klar?

Aber, Chef, niemand hat auch nur eine Ahnung, wo sie sein könnte! Wie sollen...

Lasst Klarabella nicht aus den Augen. Dann findet ihr sie! Und wenn wir Mischi haben...

...klappt auch mein Deal mit dem Eis!

Zur gleichen Zeit, im Büro des Produzenten...

Das ist heute Morgen gekommen.

Lassen Sie mal sehen!

Dacht ich's mir. Eine Lösegeldforderung.

150

Wenn ich das Lösegeld bezahle, bin ich endgültig ruiniert! Der Film mit Mischi war meine letzte Hoffnung…

Ich habe da schon eine Idee.

Heute ist Klarabellas erster Artikel über Hollywood in der Zeitung.

Her damit!

Diesmal ist es ganz sicher keine Räuber-geschichte, sondern…

Waaas? Eine Entführung?

Alles über das Verschwinden von Mischi Bart!

„Die Entführer fordern zehn Millionen Löse-geld für Mischi und das Geld soll am…"

…Balibu-Strand deponiert werden. Da sind wir!

Na gut, Sie hat sich im Keller versteckt. Das haben wir so ausgemacht.

Ich bin vollkommen pleite, und wir dachten, die Entführung würde Mischi und meinen neuen Film in die Schlagzeilen bringen und so mehr Leute anlocken.

Al Flacones Erpressungsversuch hat mich auf die Idee gebracht.

Und wer ist dann in der Villa von Pruise?

Niemand! Er ist in Europa!

Dort ist nur sein Wachhund.

KNURR

Also gastfreundlich sind diese Schauspieler nicht gerade!

ENDE

COWBOYS FÜR EINE WOCHE

In Entexas, einem Städtchen an der Grenze zum Wilden Westen…

Wir hätten gerne ein Zimmer für fünf Nächte!

HOTEL ZUR POST-KUTSCHE

Bruno Sarda (Story), **Roberto Vian** (Zeichnungen)

...zu Beginn des 21. Jahrhunderts...

Wünschen Sie ein Zimmer mit Blick auf die Bank, zwecks Banküberfall...

...oder seid ihr Betrüger und braucht eines auf der Rückseite, um unbemerkt fliehen zu können?

Wir sind weder Räuber noch Betrüger, sondern Cowboys!

Umpf! Diese Stadt wird auch immer langweiliger.

Hehe! Diese Hüte lassen uns wie harte Kerle aussehen.

Seid ihr diejenigen, die das Vieh von Dagobert Duck zum Bahnhof führen sollen?

So ist es!

Hmm… der alte Duck besitzt zudem eine lukrative Goldmine.

Ja! Aber wenn es so weitergeht, ist er mit der Viehzucht besser dran…

„…da die Postkutsche, die das Gold transportiert, regelmäßig von Banditen überfallen wird, bevor sie den Zug nach Entenhausen erreicht…"

Es wurden bereits drei Ladungen gestohlen… und niemand will das Gold mehr transportieren.

Deswegen hat uns der Onkel beauftragt… **autsch!**

Bist du wohl still!

Pah! Uns interessiert das Gold nicht.

Unsere Aufgabe ist es, uns um das Vieh zu kümmern!

Dann viel Erfolg... und macht euch auf ordentlich viel Staub gefasst!

Schnaub! Der Onkel hat uns reingelegt.

BAMM

HIER NÄCHTIGTE WILLY THE KID

Kein Wort mehr darüber! Ich werde schon beim bloßen...

„...Gedanken fuchsteufels- wild!"

Was? Du spendierst uns einen Aufenthalt in einer Stadt im Wilden Westen?

Mit Saloons und einem echten Sheriff?

Nun... da ich eure Leidenschaft für Western- filme kenne, dachte ich, gebe ich euch die Möglichkeit...

...eine Woche Gratisaufenthalt im Wilden Westen der wahren Cowboys zu verbringen!

Ist dort die Zeit wirklich im Pionierzeitalter stehen geblieben?

Sicher! Sieh dieses Foto...

Es ist drei Tagesritte von der Zivilisation entfernt. Besser gesagt, vom Bahnhof.

Und es gibt keine Straßen?

Nur Schotterwege, die die Postkutsche einmal die Woche benutzt.

Ich weiß nicht, was du machst, Donald Kid... aber ich putze meine Sporen und reise ab!

Bin dabei!

Ich freue mich, dass ihr annehmt. Das Leben als Cowboys wird euch gefallen!

Cowboys?

Nun... im Tausch gegen die Reise sollt ihr lediglich eine Viehherde zum Bahnhof geleiten.

Umpf! Ich wusste doch, dass die Sache einen Haken hat.

Nun ja... in Wahrheit gibt es noch einen zweiten. Ihr sollt...

...Gold aus der versteckten Mine auf dem Wagen transportieren, welcher die Herde begleitet.

D-du meinst, dass die Banditen sich nicht für uns interessieren?

Das hoffe ich, Dussel... allein deshalb, weil sie die Finger schnell am Abzug haben!

HOTEL ZUR POST-KUTSCHE

Schluck! Mit diesem Wissen bekomme ich heute Nacht kein Auge zu.

Jetzt wird es ernst, Dussel… es gibt kein Zurück mehr!

Banditen mal beiseite, hast du Erfahrung im Viehtransport?

RANCH

MUUHH

DLONG

MUUUH

DLENG

Nun, einmal habe ich Omas Kuh zum Jahrmarkt begleitet und…

…sie nur zwei Mal im Wald verloren.

Hehe! Da bin ich erfahrener.

164

Als Kind habe ich meine Goldfische im Fluss spazieren geführt. Leider haben sie sich verirrt und nicht mehr nach Hause gefunden.

Vielleicht hat man den Kühen deshalb diese Glocken umgehängt. Weil sie nicht hören...

DONG DENG

...und falls wir sie verlieren, können wir sie dank dem Gebimmel leicht lokalisieren.

He, ihr Viehhirten!

Huch! Der erste Bandit.

Weshalb hebt ihr die Hände? Ich bin Forrest, der Aufseher der Mine eures Onkels.

Ja, der Onkel hat von Ihnen gesprochen.

Wir waren gerade auf dem Weg zur Mine!

166

Am selben Abend…

Da ritt der arme Cowboy die Straße entlang…

Kannst du bitte damit aufhören? Dein Gejaule macht mich ganz krank.

Pah… ich bin zweifellos der beste Sänger der Prärie!

Umpf! Mir wäre es lieber, du könntest kochen.

Anstatt dich zu beklagen, solltest du froh sein, dass der Tag ohne Zwischenfälle verlief!

Huch! Ich glaube, du hast dich zu früh gefreut. Siehst du diese bedrohlichen Wolken?

Viehhüter zu sein ist nicht so einfach, wie es im Film immer aussieht...

Einen Autoreifen zu wechseln ist wesentlich einfacher!

...doch bald schon haben unsere Helden den Trick raus...

...und erweisen sich als wahre Cowboys!

Yihaa! Diesmal habe ich dich.

Und so, nach einem Halt beim Trading Post*, um die Pferde zu wechseln...

...bei Sonnenaufgang des dritten Tagesrittes...

Wir sind fast da, hinter diesem Canyon liegt der Bahnhof!

TRADING POST

*Raststation

171

Unglaublich! Ich hätte nicht gedacht, dass wir es tatsächlich schaffen.

Und dazu ohne Banditen begegnet zu sein.

Da irrst du dich!

Schluck!

Runter vom Wagen… wir müssen die Ladung prüfen!

Das sind nur unsere Vorräte!

Wen willst du täuschen, Amigo?

Wir wissen, dass der Milliardär aus Entenhausen ein anderes Transportmittel als die gewohnte Postkutsche für sein Gold einsetzen will!

173

"Abgemacht, Herr Baron! Und bevor Sie es sich anders überlegen, laden wir Ihnen das Vieh in den Zug."

"Vielleicht sollten wir auch einsteigen... dann müssen wir dem Onkel nicht beichten, dass wir versagt haben!"

MUUHH DENG DENG

Doch Dagobert reagiert auf diese Nachricht wenig überrascht...

"Haha!"

"Geht es dir wirklich gut? Ich finde nicht, dass diese Sache zum Lachen ist."

"Mir geht es bestens! Ich hätte gerne die Gesichter der Banditen gesehen, als sie die Bohnen fanden."

"Aber wir sagten doch, dass sie beim Trading Post..."

"Habt ihr immer noch nicht verstanden? Der Wagen hatte wirklich Bohnen geladen. Das Gold befand sich anderswo!"

"Jetzt ist alles klar. Er hat uns als Lockvögel benutzt..."

"...während die wertvolle Ladung auf einem anderen Wagen war."

ENDE

Giuseppe Zironi (Story), **Giuseppe Zironi** & **Gianni Gatti** (Zeichnungen)

Roberto Moscato (Story), **Maurizio Amendola** (Zeichnungen)

Nein, dieses Jahr bringt uns mein neues GPS-Navi ans Ziel!

Jetzt rechts abbiegen und dann weiter geradeaus!

Ich brauche einfach nur den Anweisungen zu folgen!

BRUUUMM

313

Achtung! Rechts ist auf der anderen Seite!

Huch!

Seht ihr? Funktioniert fabelhaft!

SAUUUS

Oha! Das da vorne ist das Technologie-center Expery & Ment!

Cool! Das ist eins der größten Forschungslabore des Landes!

Diese Quacksalber stellen doch nichts her, das nützlich wäre... oder essbar.

313

Hör mal... ich möchte nicht, dass uns die Hüter des Weinberges sehen!

Ich schicke dir die Einladung zum Ball, sobald der Tisch gedeckt ist!

Urks... Was hieß das noch mal in unserem speziellen Geheimcode?

Ah, da haben wir's! Das bedeutet, er sucht einen neuen Treffpunkt aus und leitet mich dorthin!

Alles klar! Ich warte!

PIEP PIEP

Sehr gut! Die Software berechnet jetzt den sichersten Ort für die Übergabe!

Herrje! Was für eine Buckelpiste!

RUMPEL

KLICK

187

Alarm! Ein Diebstahl!

Was ist passiert, Herr Direktor?

Eine Katastrophe, Toni! Einer der Prototypen des proto-mesophotonischen Hybrid-verwirblers ist verschwunden!

Was? Sind Sie sicher?

Absolut sicher! Ich zähle sie jeden Tag und heute sind es sechsundneunzig statt sieben-undneunzig!

Aber ich habe hier nichts Verdächtiges bemerkt… Nur Professor Kopfler hat das Labor ver-lassen!

Das ist eine absurde Unterstellung! Der Kollege ist über jeden Verdacht erhaben!

Natürlich… ich wollte nicht…

Dann los, beweg dich! Finde das Diebesgut, oder du bewachst in Zukunft die Besenkammer! **Grrr!**

Zu Befehl!

In der Zwischenzeit…

Uff… Das war nicht ohne, aber jetzt läuft der Motor wieder wie geschmie…

Ierks!

PUFF

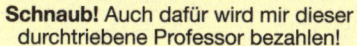

Schnaub! Auch dafür wird mir dieser durchtriebene Professor bezahlen!

KNALL

Ich finde diesen Kopfler und wenn ich die ganze Gegend durchkämmen muss!

Und dann werden wir mal sehen, was er mit seiner Wissenschaftelei gegen meine Wut ausrichten kann!

VROOOM

PENG

WUMM BUMM

Schaffst du's, Onkel?

Geht es?

Schnauf… Schnauf… Sicher doch… **Keuch…** Es ist ein Mordsspaß!

Grrr! Alles nur, weil ich diesem blöden Ding vertraut habe!

Gutem Rat ist jeder Scherz erlaubt!

Was?!

Schweige, du boshaftes Ding! **Klappe!**

Beruhig dich!

Nicht doch, Onkel!

WUMMS DONNER KRACH

Derweil…

Der Direktor hat leicht reden! „Finde das Diebesgut wieder!" Wo soll ich damit überhaupt anfangen?

Hm… Schauen wir mal…

Nein… der kommt wohl kaum als Dieb infrage!

Sieh an!

Der Kerl hat sein Auto zur Tarnung mit Schlamm beschmiert… und er zerstört ein elektronisches Gerät!

Das ist zweifellos der Prototyp, den er aus dem Labor gestohlen hat! Ich muss ihn aufhalten!

VROOOM

Einige
Stunden
später…

Seufz! Ob wir jemals
ans Ziel kommen?

Wenigstens fragt Onkel
Donald jetzt mal jemanden
nach dem Weg…

Genau!

… aber das bringt ihn
wohl auch nicht
weiter!

Als noch mal:
Können Sie mir
sagen, wie ich
nach Saccharode
komme?

Lo siento…
no entiendo!

BIENVENDIOS
A
PUEBLO WEITABAS,
MEXIKO

ENDE

Augusto Macchetto (Story), **Salvatore Deiana** (Zeichnungen)

206

Es begann 1495 in Florenz, nah bei einer anderen berühmten Brücke…

„…der Ponte Vecchio, die über den Fluss Arno führt…"

„Zwei Jungen, so alt wie ihr, spielten dort. Der eine war Giovanni da Verrazzano, der andere hieß Michele da Mausano…"

Stopp! Wer waren die beiden?

Genau! Wie sahen sie aus? War dieser Michele mit uns verwandt?

NINA

Nun, es gibt keine Bilder von ihnen. Stellt sie euch vor, wie ihr mögt.

Denkst du, was ich denke, Bruder?

Klar doch.

?

„Okay... die beiden Freunde hegten einen gemeinsamen Traum..."

Zur See fahren!

Und neue Welten entdecken!

Ts! Die Welt ist riesig. Bleibt besser auf eurer Scholle.

Ja, aber wenn wir groß sind...

...habt ihr an anderes zu denken.

Könnte er recht haben?

Quatsch! Mehr als den Fluss hat der doch nie gesehen.

Aber wir werden den Ozean überqueren!

Ja!

211

FLUNG

Schlechte Nachricht, Majestät! Österreich und Spanien haben sich verbündet!

Argh! Ich habe es geahnt!

KAMILLE

Überall nur Feinde! Mir ist, als würde mir die Luft genommen!

Verstehe! Ich werde an Land auch rasch kurzatmig.

Also, was wollt ihr?

Euch ein Angebot unterbreiten.

FEIND

FREUND

212

213

He, das ist interessant. Ein Astrolabium!

Fein! Damit kann man sich auf See orientieren.

Eine Weltkarte gibt es auch.

Und ein…

… „Rettungsring", steht da drauf. Was das wohl sein soll?

Hier ist etwas noch Seltsameres.

Was denn?

Hm… „Sehrohr", womit man in die Ferne sehen kann.

216

218

219

220

221

Oje! Dazu fällt mir gerade gar nichts ein.

Nie zuvor sah ich solch eine prächtige Bucht.

Giovanni und Michele waren die ersten Europäer, die nach New York gelangten.

Wow!

Dann stammt der Name von Giovanni?

Nein, denn…

„…er und Michele waren zu ergriffen um an so etwas zu denken…"

Das ist bestimmt ein Ort, an dem eines Tages eine riesige und berühmte Stadt stehen wird.

Eine Stadt, die größer ist als Florenz und Paris zusammen… in einer fernen Zukunft…

Ferne Zukunft…

223

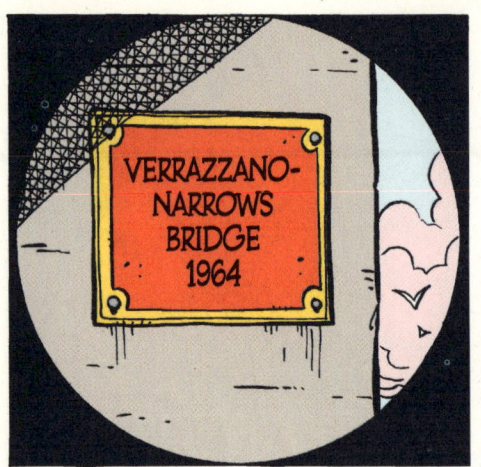

227

230

VOLL IM VIDEOWAHN

Walt Disney

Dave Rawson (Story), **Toni** (Zeichnungen)

Du hast dir wohl ein paar Folgen zu viel reingezogen?

Kommt, Kinderlein! Wir ziehen wirklich los!

Das wird ein Wild-West-Pauschalurlaub der Luxusklasse!

Wir verbringen zwei Wochen unter sternenklarem Himmel mit mutigen Mustangs, störrischen Stieren und zünftig am Lagerfeuer zubereiteten Bohnen!

Aha! Und warum nimmst du dann deine komplette Videosammlung samt Rekorder mit?

Der hat doch nicht mehr alle Rinder auf der Weide!

Das will ich nicht gehört haben!

Und jetzt bewegt euch und packt eure Satteltaschen.

233

Im Hauptquartier wird Donald in seine Pflichten eingewiesen...

Sie sind der Boss von sieben Greenhorns, die sich jeden Morgen bei Ihnen zu melden haben!

Sie holen sich hier Ihr Material ab und biegen Ihrer Truppe in den kommenden zehn Tagen sämtliche Punkte auf dieser Liste bei, klar?

Das ist ja fast schon zu einfach...

Reiten! Gitarre spielen! Singen! Lasso werfen!

Und sogar Stiere einfangen!

All das sollst du sieben Leuten beibringen? Die Ärmsten!

Du hast doch keine Ahnung von diesem ganzen Wildwestmurks, Onkel Donald!

Du bist eindeutig der falsche Mann am falschen Ort.

Schluss jetzt! Was mir an Erfahrung fehlt, mache ich doch locker mit Geschick und wachem Verstand wett!

Diese Leutchen sind lediglich zahlende Gäste, die unterhalten werden wollen. Absolute Anfänger!

Die bürste ich auf einer Backe ab!

Außerdem habe ich noch meine Videos. Was soll da groß schief gehen? Und ihr helft mir gefälligst und...

Herr Duck?

Entschuldigen Sie, wenn ich Ihren Vortrag unterbreche, aber wir warten schon ungeduldig auf Sie!

Im Übrigen sind das die Sachen, an denen ich nicht teilzunehmen gedenke.

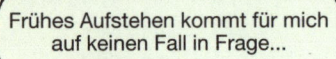

Frühes Aufstehen kommt für mich auf keinen Fall in Frage...

Hier steht, Sie mögen weder Pferde, Kühe noch Ausflüge unter freiem Himmel! Was wollen...

...Sie dann überhaupt auf der Rigorosa-Ranch?

Meine Mama hat mich angemeldet, weil sie will, dass ich etwas härter werde.

Sie sagt immer, ich sei zu wehleidig. Aber das bin ich gar nicht, oder?

Es sind doch nur Kleinigkeiten, die mir Angst machen: Wind, Sonne und Sand, ach ja... Ameisen, Kakteen, Kühe und... äh...

Also wirklich kaum der Rede wert!

Mit dem werde ich fertig! Es wird sich schon was finden, was diese wehleidige Windel gern macht.

Packen wir's an! Wir haben noch sechs andere Anfänger zu betreuen.

Am besten starten wir mit einem Abendessen. Ich denke, wir machen ein Lagerfeuer auf dem Feld da drüben.

Wir sollen für elf Leute kochen? Machst du Witze?

Doch Donald duldet keinen Widerspruch. So fügt man sich schweren Herzens und beginnt mit der Zubereitung des Mahls...

Essen fassen!

Für heute haben meine Neffen und ich den Küchendienst übernommen. Aber ab morgen wird abgewechselt! Jeder ist mal dran!

Äh... ich koche nicht gerne. Abwaschen mag ich auch nicht.

Aber Sie essen gern, oder?

Ja, na klar doch. Warum fragen Sie?

Wer isst, muss auch kochen! Schließlich sind wir ein Team! Und das stellen wir...

...am Ende Ihres Aufenthaltes mit einem gemeinsamen dreitägigen Rindertrieb unter Beweis.

239

Nach dem Abendessen...

Danke für das leckere Essen, Boss. Ich bin Paula Packan.

Und diese zwei Packans sind Paul und Pamela. Auf uns können Sie zählen. Wir sind ziemlich hart im Nehmen.

Wir übernehmen morgen das Kochen. Dann können Sie sich um die anderen kümmern.

Äh... meinen Sie wirklich? Sollte ich nicht besser doch...

Keine Sorge, Partner. Der alte Lasso-Lonnie hat ein Auge auf die Puppe.

Was will dieses Fossil?

Werd bloß nicht frech, Puppe! Ich bin zwar nicht mehr der Jüngste, aber ich kenne alle Tricks. Ich will hier nur meinen Spaß haben, klar?

Also, halte lieber deine scharfe Zunge im Zaum, sonst...

Schon ist es Morgen...

Paula und ihre Kinder scheinen ja wirklich ein Frühstück hinzukriegen!

Die Leute sind jedenfalls zufrieden.

KLATSCH KLATSCH

Sogar Heiko scheint es geschmeckt zu haben.

Guten Morgen, Herr Duck. Ich bin zwar alles andere als ein Frühaufsteher, aber das Frühstück war ausgesprochen lecker.

Vielleicht kann ich der Bande doch noch einiges beibringen...

Huch!

Wir müssen kein Wasser für den Abwasch verschwenden. Der Sand eignet sich genauso dafür!

Wir üben nämlich schon für den Viehtrieb!

Ja! Dafür müssen wir bestens vorbereitet sein!

Und am Ende spülen wir die Teller mit etwas klarem Wasser aus.

Na bitte! Alles blitzeblinkeblank!

Seufz! Ich war wohl etwas voreilig, als ich dachte, dass ich die in den Griff kriege...

Aber es sind nette Leute. Also werde ich ihnen alles beibringen, was ich weiß!

Das heißt also, ich brauche Rat von Big Buffalo Bob Billy Boy!

He, Onkel Donald! Laut Liste steht jetzt Lassowerfen an...

...und du hast noch nie ein Seil geschleudert!

Big Buffalo Bob Billy Boy zeigt es mir gerade! Ihr werdet schon sehen!

Raus! Ich brauche Ruhe!

So, Leute, ich hoffe, ihr seid bereit für eine Lektion in Sachen Lassowerfen!

Zuerst schwingt man das Seil lässig über dem Kopf...

...dann schleudert man es schnell und zielsicher...

Hahahahahahaha! Hihihi!

Das war ein heimtückischer Windstoß!

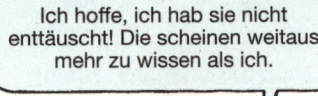

249

Gut so, Partner! Das ist die richtige Einstellung! **Jihaaaa!**

Wie ein kraftvolles Gedicht in Vollendung!

Supercool! Echt irre Haltung! So was Abgefahrenes hab ich noch nie gesehen!

Horrido, Partner!

Eine Achterbahn ist Dreck dagegen!

Au verflixt!

Was für ein Reiter! Ein Teufelskerl!

251

Und an diesem Abend...

Ich kann es kaum erwarten, unter den Sternen zu schlafen!

Ich auch. Das hätte ich nie gedacht.

Sie scheinen zufrieden zu sein. Hoffentlich hält das an.

Der alte Lasso-Lonnie kann krass kochen. Die Bohnen sind superlecker.

Und seine Sandwichs sind fast so gut wie die von Mama.

Hört her, Freunde. Diesen Tag beschließen wir mit einem Hauch von Poesie. Heiko wird mich sicher gern auf der Gitarre begleiten!

Au ja!

Im späten Herbste, als die Blätter fielen, begab sich der Prinz auf die Reise. Die Sehnsucht...

...nach seiner Liebsten trieb ihn an und gab ihm Kraft, Hoffnung und Mut.

Sein Pferd äste ruhig am Ufer des rauschenden Gebirgsbaches, während der Prinz, von düsteren Vorahnungen gepeinigt...

Puha... gähn! Ich fürchte, mir fallen die Augen zu!

Der Morgen des großen Viehtriebs ist angebrochen...

Die Kinder sind schon ganz aufgeregt!

Das ist mehr als verständlich! Selbst ich bin vor Vorfreude ganz aus dem Häuschen!

Sagt's nicht weiter, aber durch Donald beginne ich das hier echt zu mögen!

Donald sorgt ja auch immer für Superstimmung! Alles, was recht ist, das muss man ihm lassen!

In Ordnung, Leute. Macht euch bereit für den großen Treck. Wir starten heute Nachmittag...

...mit 20 Rindern durch das weite wilde Land!

Wieder allein...

Ich habe ein ganz schön mulmiges Gefühl bei der Sache!

Meine Mannschaft sollte hinter mir stehen...

...aber leider habe ich mich bisher als Cowboy wie eine totale Niete aufgeführt!

Mir bleibt nichts übrig, als noch mal Big Buffalo Bob Billy Boy...

...zu Rate zu ziehen! Dieser Treck ist wohl endgültig meine letzte Chance!

Am Nachmittag starten die Greenhorns also unter fachkundiger Leitung ins große Abenteuer...

...ohne auch nur im Entferntesten zu ahnen, dass sie dabei genau beobachtet werden.

Nichts ahnend schlägt die Gruppe am Abend ihr Camp auf...

Heu-eu-euul! Heuuul! Heuul!

Was war das?

RASCHEL

Onkel Donald! Alles in Ordnung?

Hallo, Jungs! Ich wollte nur mal nach der Herde sehen...

Na ja, ich mache mir eben Sorgen, dass ich versage.

Wieso das denn? Für die Leute bist du der beste Cowboy seit Lucky Luke!

Ich habe sie bisher nur enttäuscht! Und die Videos mit Big Buffalo Bob Billy Boy helfen mir eigentlich auch nicht weiter...

Aber es läuft doch alles prima, Onkel Donald!

Die Truppe ist total begeistert!

Bis jetzt noch! Aber was ist, wenn auf diesem Treck etwas passiert, mit dem ich nicht fertig werde?

Du solltest dich besser etwas hinlegen!

Klapperschlangen, zum Beispiel. Oder ein Sturm... Pferde mit Durchfall... Rinderwahnsinn...

Ab in die Heia!

259

Da hat er Recht! Das wäre glatter Selbstmord! Uns bleibt nichts übrig als abzuwarten!

Ich muss mir was einfallen lassen! Die Leutchen sind plötzlich wie verwandelt, sie sind eingeschüchtert und haben Angst!

Mich kriegen sie nicht klein! Niemals! Jetzt sind harte Kerle gefragt! Männer mit Mumm!

Was ist los mit euch? Die Gruppe, die ich kenne, lässt sich nicht so leicht unterkriegen!

Die findet eine Möglichkeit zu entkommen! Wo sind euer Mut, eure Kameradschaft und der Glaube an euch geblieben?

Ihr als Team habt alles geschafft! Selbst wenn ich mal wieder...

Ja, was denn?

...wenn ich mal wieder versagt habe!

So wie jetzt! Oh, ich hab ja getroffen!

Donald hat Recht! Gemeinsam können wir es schaffen.

Genau, Puppe! Und zwar als Gruppe!

Gemeinsam wie Geschwister, Schwesterchen!

Jeder von euch hat fantastische Fähigkeiten. Zusammen seid ihr einfach unschlagbar!

Aus dem Holz der Kutsche können wir eine Leiter bauen, Mama! Damit kommen wir locker aus dem Canyon raus!

265

Und so...

Juhu! Geschafft! Der Weg nach draußen!

Und zwar ganz ohne deinen Big Buffalo Bob Billy Boy, Onkel Donald!

An den habe ich nicht mal mehr gedacht!

Mir nach, Leute. Wir müssen schnellstens den Sheriff informieren. Sonst hauen die Schurken mit unseren wertvollen Rindviechern ab.

Was ist das?

FLAPP FLAPP FLAPP FLAPP

Moment mal! Ein ganz besonderes Talent haben wir noch gar nicht eingesetzt!

Los, Lara! Erzählen Sie dem netten Herrn Obergangster doch mal, was Sie in diesem Moment so fühlen!

Nun, ich bin verwirrt... oh, so mannigfaltig sind die Emotionen. Mein Herz schlägt schnell...

...mein Körper bebt, obwohl er erstarrt ist vor Schreck!

Welch widersprüchliche Empfindung! Was wird des Schicksals Hand wohl fügen? Ich wünschte mir Schwingen wie ein Adler, dann flöge ich durch die lauen Lüfte hin in die Freiheit.

Meine Seele sehnt sich nach Frieden, doch in meinem Inneren tobt ein Vulkan, empört über dieses Unrecht.

Gääähn!

269

Nachdem die Schurken abtransportiert und die Felsen aus dem Weg geräumt sind, setzt Donald mit seinen Leuten den Viehtrieb fort...

Das war wirklich ein klasse Trick, Partner. Daran werde ich sicher noch lange denken!

Also, ich hätte mir nie träumen lassen, dass ich einmal so viele Männer in meinen Bann ziehen würde.

Ich mache nächstes Jahr wieder mit. Ich hatte richtig viel Spaß. Mama wird staunen!

Leider ist unsere Reise fast zu Ende.

Wir haben noch den Abend und eine Nacht am Lagerfeuer, über uns das Glitzern der zahllosen Sterne.

Donald, Sie sind ja ein echter Poet!

Ich ein Poet? Hm... ich habe sämtliche Lesungen des berühmten Dichters Rainer Maria Reimling aufgenommen. Vielleicht sollte ich die gelegentlich studieren...

Ja, genau. Dann könnte ich doch...

ENDE

Marco Bosco (Story), **Sergio Asteriti** (Zeichnungen)

274

Aha, die Brüder Mopps, zwei alte Bekannte!

Das Auto hat keinen Kratzer! Zumindest ist damit nichts passiert!

Oh nein! Der Bocksedel ist weg!

Was? Sie meinen diesen berühmten Käse?

Was habt Ihr damit gemacht, Ihr Gauner?!

Lassen Sie Gnade walten! Sie wissen ja nicht, wie der stinkt…

„… deshalb haben wir ihn im Straßengraben entsorgt!"

Oh nein! Hier in der prallen Sonne hat er angefangen, ranzig zu werden! Jetzt ist er ungenießbar!

Schluck! Sind Sie sicher, dass er überhaupt je genießbar war?

KOMMISSAR DE MAUSS

DER FALL DER ZUGPIRATEN

Walt Disney

Während in Paris die ersten Lichter des Abends angehen...

BISTRO ALFONS

Ö-2575-3

Guten Abend, Kommissar! Salut, Rudolph!

Goof-otte! Stets pünktlich.

Unser Journalisten-freund ist ganz schön hartnäckig!

Luigi Piras (Story & Zeichnungen)

„Sie drangen in den Speisewagen ein und raubten die ahnungslosen Fahrgäste samt Personal aus..."

„Danach waren sie wie vom Erdboden verschluckt. Die Polizei befragte alle Farmer der Gegend. Vergeblich..."

Ich bin ratlos! Ich muss Goofotte um Rat fragen.

„Direkt nach dem nächsten Überfall..."

In wenigen Minuten fährt ein Schnellzug dieselbe Strecke wie der überfallene Zug. Beeilen wir uns!

„Im Zug dachte ich über den Fall nach..."

Nur wenn der Zug sein Tempo drosselt, können die Banditen abspringen.

Giorgio Figus (Story), **Roberto Vian** (Zeichnungen)

Im Osten reicht die Eisenbahn nur bis Entenfeld…

…und von dort an erstrecken sich riesige Waldgebiete und endlose Weiten…

…eingerahmt von Bergen, Flüssen, Weideland…

…und zahlreichen Bisonherden!

Was gibt es da zu glotzen?

In Entenfeld ist auch Douglas McDuck zu Hause…

...ein reicher Mann, der vor einigen Jahren aus Schottland einwanderte.

Doch trotz seines enormen Reichtums, ist er nie zufrieden...

...und immer auf der Suche nach neuen Möglichkeiten...

Ist das wahr, Sam?

Ja! Die Regierung will einen neuen Postkutschendienst vergeben.

Er soll Entenfeld mit Duckifornia verbinden.

Interessant!

Ich werde mich erkundigen!

Später, beim zuständigen Regierungsvertreter...

Die Bedingungen sind einfach, Herr Duck!

Um sich zu qualifizieren, ist es notwendig, die Strecke zwischen Entenfeld und Ducktown...

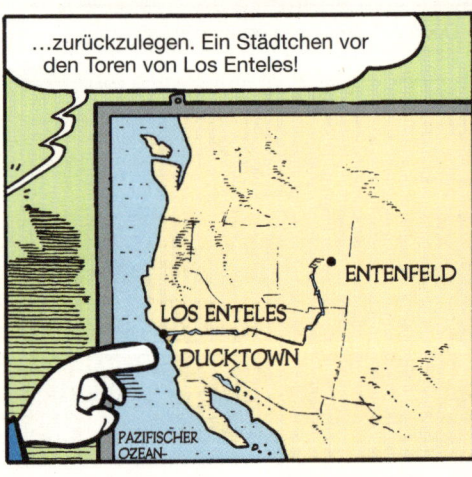

...zurückzulegen. Ein Städtchen vor den Toren von Los Enteles!

In welcher Zeit?

30 Tage und nicht einen mehr!

Und wenn man es nicht rechtzeitig schafft?

Wird man disqualifiziert.

Es muss in dieses Gebäude gerollt sein!

Verzeihung, haben Sie ein Rad ge-sehen…

Mh?

Die Reise geht weiter…

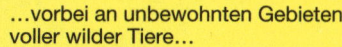

...vorbei an unbewohnten Gebieten voller wilder Tiere...

Endlich Pause! Ich mache auf diesem mit Moos bedeckten Felsen ein Nickerchen.

?!

Aaah! Der Felsen ist zu beweglich für meinen Geschmack!

KAWOMMS

?

!

GROAAAR

Schon gut! Diesen Fisch hast du zuerst gesehen…

…und gesetzloser Banditen…

Da ist die Kutsche! Endlich habe ich sie eingeholt.

Aber was…?

KLAPPER KLAPPER

NEIN!

WIEHER

KLAPPER

KLAPPER

SBAM

Aua!

Ich habe gewonnen! Ich bin der Beste!

Und jetzt kümmere ich mich um… mh?

Grrr! Verflixt, sie sind mir schon wieder entwischt.

SBAM

Und so, Tag für Tag…

...ein Wechsel zwischen Bergen...

...Grasland...

...Wüsten...

...und weniger schönen Begegnungen...

Vielleicht sind wir versehentlich in ihre Jagdgründe eingedrungen!

Bis...

Wir müssten die Grenze zu Duckifornia überquert haben.

Ein Glück!

Bei unserer Reise musste die Postkutsche so einiges aushalten...

...aber jetzt hat sie sich wenigstens in ein Cabrio verwandelt!

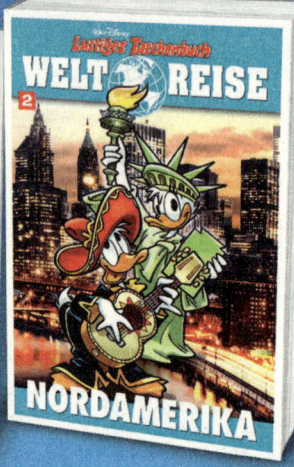

NEU

Walt Disney
Lustiges Taschenbuch
WELT REISE

3

Ab
10.6.
im Handel

AFRIKA

©Disney, Foto: AdobeStock/REMINDFILMS

ERHÄLTLICH IM HANDEL ODER UNTER
www.egmont-shop.de/ltb-weltreise